A chaque véhicule correspond un chiffre précis.

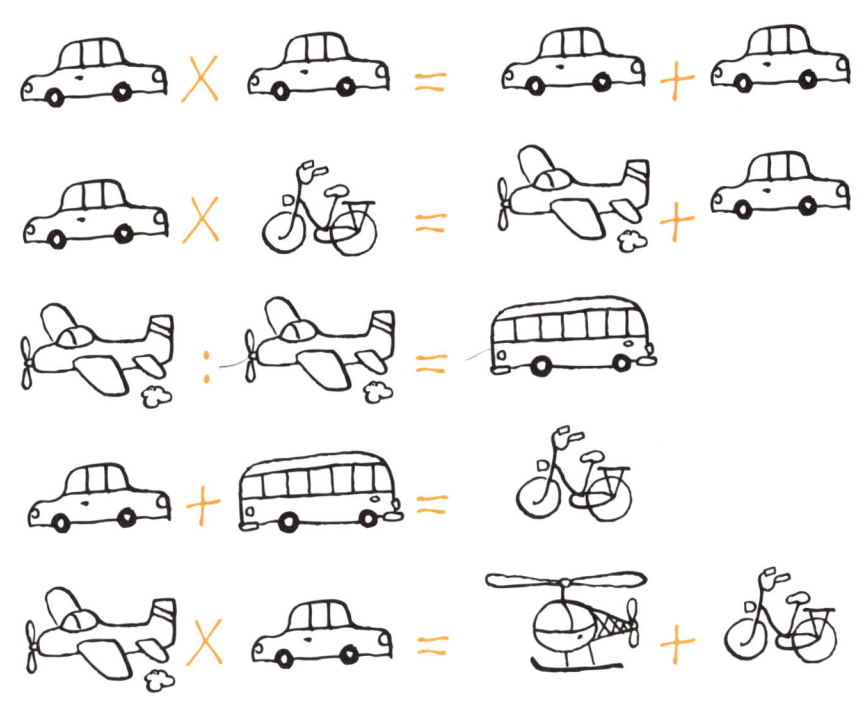

Quelle est la valeur de chaque véhicule ?

Ce grenier abrite sept rats. Comment peux-tu, en t'aidant de trois lignes droites, séparer le grenier en sept parties, pour que chaque rat soit isolé dans sa zone ?

Conseil : les lignes peuvent se croiser !

Dans ce message, chaque lettre a été remplacée par un nombre. Cherche d'abord le code, basé sur la logique.

CODE
a = 2
b =
c =
d =
e = 10
f =
g =
h =
i =
j =
k = 22
l = 24
m =
n =
o =
p =
q =
r =
s =
t = 40
u =
v =
w =
x =
y =
z =

36.18.10.28

28.10   38.10.36.40

8.10   6.30.42.36.18.36.   18.24

12.2.42.40

32.2.36.40.18.36   2   32.30.18.28.40

Peux-tu diviser ce carré en quatre parts égales ? Mais attention, chaque part doit contenir quatre figures différentes.

Chaque bestiole correspond à un chiffre précis. La somme des chiffres de chaque rangée est indiquée à droite ou en bas. A toi de remplacer chaque dessin par un chiffre.

11   23   25   20   14   28

= ...   = ...   = ...   = ...   = ...   = ...

Replace correctement les pièces de ce puzzle afin de reconstituer cette grille de mots croisés.

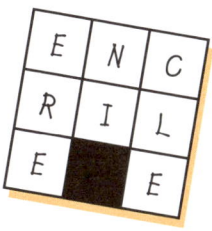

A quoi devrait ressembler le neuvième voilier ? Choisis parmi les trois exemples présentés dans le cadre.

Recherche les sept différences existant entre ces deux dessins.

Marc a dix ans aujourd'hui. A l'occasion de son anniversaire, il a invité cinq copains et copines. A quatre heures, chacun s'assoit pour le goûter. Essaie d'identifier chacune des personnes, sachant que...

... Isabelle est assise à côté de Marc.
... Julie est assise entre deux garçons.
... Guillaume est assis en face de Marc.
... Marine ne mange pas de gâteau.
... Isabelle n'est pas assise en face de Marine.
... Thomas est assis à côté de Marc.

Chaise 1 : ....
Chaise 2 : ....
Chaise 3 : ....
Chaise 4 : ....
Chaise 5 : ....
Chaise 6 : ....

Complète ces deux grilles en inscrivant les nombres ou signes corrects dans les cases vides.

Les dix bateaux situés à côté de la grille (la mer !) doivent tous trouver place dans la grille. Ces bateaux ne peuvent pas se toucher. En face de chaque rangée, un chiffre indique le nombre de cases pouvant être occupées par une pièce de bateau dans cette rangée. Pour t'aider, certaines cases sont déjà remplies. Un conseil : inscris un signe – dans les cases qui ne peuvent être occupées. Nous l'avons déjà fait pour certaines cases.

Il existe en Roumanie un grand domaine dans lequel s'élèvent trois forteresses et où se dressent trois portes. Ce sont les portes et les forteresses des comtes Vampiro, Vampilo et Vampizo. Les comtes veulent faire construire une route qui va de leur porte à leur forteresse. Mais... Vampiro, Vampilo et Vampizo ne s'entendent pas bien du tout. Ils ne veulent donc pas que leurs routes se croisent. Comment vas-tu les tracer ?

Dans cet hexagone, la somme de chaque ligne fait 20. Tu trouveras les nombres que tu dois compléter dans le cercle du milieu.

Sur ce plan, on peut voir une rivière enjambée par 15 ponts. Tu te trouves près du pont n° 7 et tu souhaites te rendre jusqu'au bureau d'information. Mais comme tu es un véritable amoureux des ponts, tu veux auparavant traverser chaque pont une fois (et pas plus d'une fois). Comment vas-tu faire ?

Combien de mètres de ruban a-t-il fallu utiliser pour emballer ce paquet ? Attention : il n'y a pas un seul nœud dans le ruban !

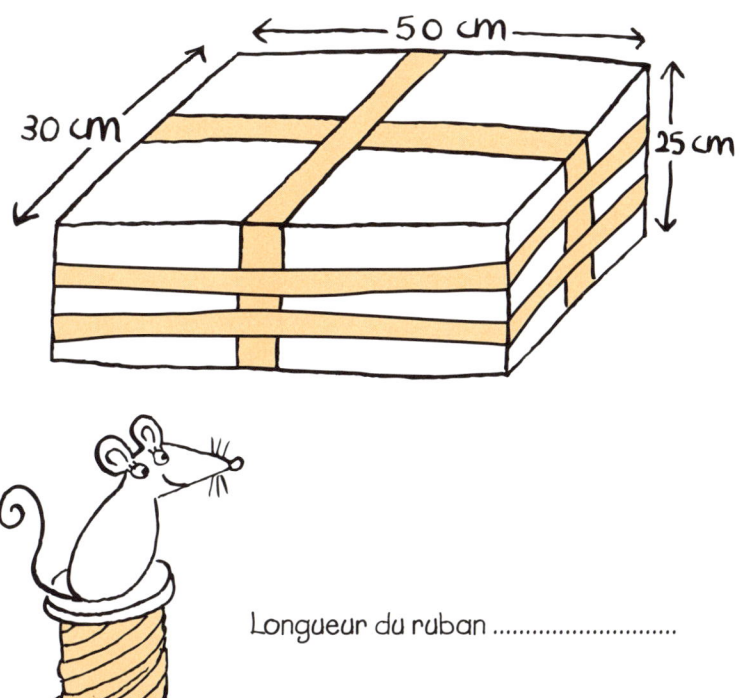

Longueur du ruban ....

Si tu déchiffres ce code, tu sauras ce qu'il y a dans le paquet.

10-5-21   4'15-18-4-9-14-1-20-5-21-18

Chaque oiseau représente un chiffre différent. La somme de ces chiffres apparaît à côté et sous chaque ligne. Trouve le code.

Dans cette ruelle comptant cinq maisons vivent deux garçons et trois filles. Chacun d'eux a un passe-temps favori. Inscris, en dessous de chaque maison, le prénom de l'enfant qui l'habite ainsi que son passe-temps favori.

....

....

On sait que :

- La maison de Catherine possède plus de 3 fenêtres.
- La maison de Thomas possède moins de 5 fenêtres.
- Un des garçons adore la planche à roulettes.
- Le numéro de la maison de Catherine est supérieur à 10.
- Au numéro 13 habite une fille qui aime danser le ballet.
- Catherine aime nager.
- Les deux garçons, Thomas et Roger, habitent aux numéros 9 et 15.
- Maryse n'aime pas danser.
- Une des voisines de Thomas collectionne les timbres-poste.
- Inès habite à côté du garçon qui aime dessiner.

Autour de chacun des cristaux de neige, écris les chiffres de 1 à 8. Attention : tu dois toujours écrire huit chiffres différents !

Dans cette opération mathématique, chaque animal représente toujours le même chiffre. Seuls les chiffres 6 et 7 ne sont pas figurés par des animaux.

Un indice : les chiffres 8 et 9 n'apparaissent jamais. A toi de résoudre cette opération en remplaçant chaque animal par le chiffre correspondant !

Un dé se trouve sur une feuille de papier avec 6 cases, de A à F.

Imagine à présent que le dé bascule et arrive sur la case B. Bascule-le ensuite, toujours dans ta tête, sur la case C. Puis sur la case D, la case E, la case F.

Enfin, le dé revient sur la case A.

Écris à présent sur chaque face visible du dé le nombre exact de points.

Conseil : la somme des points des deux faces opposées d'un dé est toujours égale à 7 !

Au musée du jouet, il y a 12 salles qui communiquent entre elles. Quatre guides donnent des explications sur tout ce qu'il y a à voir dans les salles. Les quatre guides veulent suivre un chemin différent à travers le musée. Le guide principal a déjà tracé son itinéraire. Peux-tu le tracer pour les autres guides ?
Il y a une exigence : la voie à suivre doit aller de l'entrée à la sortie et passer par toutes les salles.

Voici l'itinéraire du guide principal.

Sept erreurs se sont glissées dans ce dessin. Mais pour les trouver, il faut faire preuve d'esprit logique.

23

Qui est qui ?

Tu sais que :
- Jérôme ne ment jamais.
- Charles ment parfois.
- Denis ment toujours.

1 = ... 2 = ... 3 = ...

"Denis se trouve au centre."

"Je m'appelle Charles."

"Jérôme se trouve au centre."

Près de chaque cadenas, tu trouveras une série de combinaisons de chiffres suivies d'un code. Ce code consiste en A et B. A donne le nombre de chiffres qui se trouvent à la bonne place. B donne le nombre de chiffres bien présents dans le code mais qui ne sont pas à la bonne place. Cherche la combinaison exacte pour chaque cadenas.

1	A	B
145	0	0
431	1	0
653	1	1
248	1	0

2	A	B
256	0	2
524	1	1
811	0	1
583	2	0

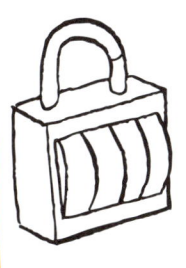

3	A	B
3578	0	2
7299	1	1
1536	0	0
6514	1	0
7284	2	2

4	A	B
1368	0	3
8245	0	0
2594	1	0
3869	1	2
3619	2	2

Dans cette vieille armoire, chaque planche peut supporter 4 kg. La semaine passée, maman a rempli l'armoire, avec précisément 4 kg par planche. Mais hier, papa a pris une petite bouteille sur une planche. Sur quelle planche était-elle ? Pour le savoir, calcule d'abord combien pèsent chaque bouteille et chaque boîte.

Conseil : le poids peut être 500 g, 750 g ou 1 kg.

Le poids d'une...
... grande bouteille =   ... petite bouteille =
... grande boîte =   ... petite boîte =

La bouteille était sur la ...... planche.

Un dangereux monstre s'est échappé. Les chasseurs battent la campagne à sa recherche. L'un d'eux dit : « *Si nous postons trois hommes en trois points différents, le monstre n'arrivera jamais à atteindre une des trois issues. On pourra alors le capturer et le ramener dans sa cage.* »
Sais-tu où les trois chasseurs doivent se poster ?

Chaque alvéole noire doit être entourée des chiffres 1 à 6.
Attention : les chiffres identiques ne peuvent jamais se toucher !

Lis attentivement les dix affirmations sur les coins et les angles. Certaines sont toujours vraies, d'autres le sont parfois, et certaines ne le sont jamais. Colorie à chaque fois la case sous la bonne réponse. Écris ensuite les lettres des cases coloriées dans la grille. Quel mot trouves-tu ?

	toujours	parfois	jamais
1	D	S	T
2	E	I	L
3	I	A	D
4	G	E	S
5	M	O	T
6	R	E	N
7	A	M	K
8	P	L	I
9	S	E	A
10	S	R	N

1. Un rectangle a quatre angles identiques.
2. Un triangle a trois côtés égaux.
3. Un parallélogramme est un rectangle.
4. Un rectangle est un parallélogramme.
5. Un polygone a quatre côtés.
6. Un rectangle a des diagonales non identiques.
7. Un carré est un losange.
8. Un losange est un carré.
9. Un trapèze a des diagonales identiques.
10. Un carré est un rectangle.

Le mot recherché est :

D	I	A	G	O	N	A	L	E	S
1	2	3	4	5	6	7	8	9	10

Observe attentivement ces six dessins. L'un d'eux est un intrus. Lequel et pourquoi ?

Dans cette série aussi il y a un intrus. Lequel ?

Anne veut cuire une tarte d'anniversaire pour son père. Elle trouve une recette, mais pour 4 personnes, alors qu'il y aura 6 invités à la fête. De quelle quantité de chaque ingrédient a-t-elle besoin ?

Recettes pour 4 personnes
1/4 de kg de farine
12 g de levure
1,6 dl de lait
200 g de sucre
120 g de beurre
2 œufs
1 petit verre de liqueur
40 g de sucre glace
20 g d'amandes mondées

Recettes pour 6 personnes
.... kg de farine
.... g de levure
.... dl de lait
.... g de sucre
.... g de beurre
.... œufs
.... verre de liqueur
.... g de sucre glace
.... g d'amandes mondées

Quel mot peux-tu déchiffrer dans chacun de ces pictogrammes ? Pour te mettre sur la voie, nous avons déjà déchiffré le premier.

LENT (L en T)

R r R

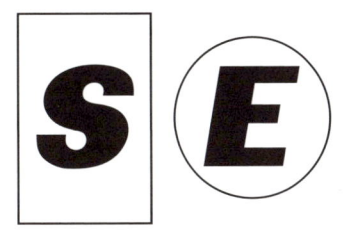

Ce grand cube est composé d'une série de petits cubes. Mais il en manque un certain nombre.

Combien manque-t-il de petits cubes pour compléter le grand cube ?

....

Combien de petits cubes contient le grand cube ?

....

Ces cinq roues dentées tournent sur des axes qui sont assemblés par deux barres. Il y a quatre lettres sur chaque roue. Si tu tournes une roue, les lettres apparaissent dans l'ouverture des barres. Quel mot découvres-tu ?

Le mot est ....

Tous ces monstres sont dans un certain ordre. Si tu sais compter et que tu ne confonds pas les couleurs, tu découvriras lequel de ces deux monstres arrive dans la dernière case : A ou B.

Neuf voitures anciennes participent à une course. Elles reçoivent toutes un numéro, qui correspond à un code secret. Peux-tu déchiffrer ce code ? Tu découvriras alors le numéro de la voiture qui n'en a pas encore reçu.

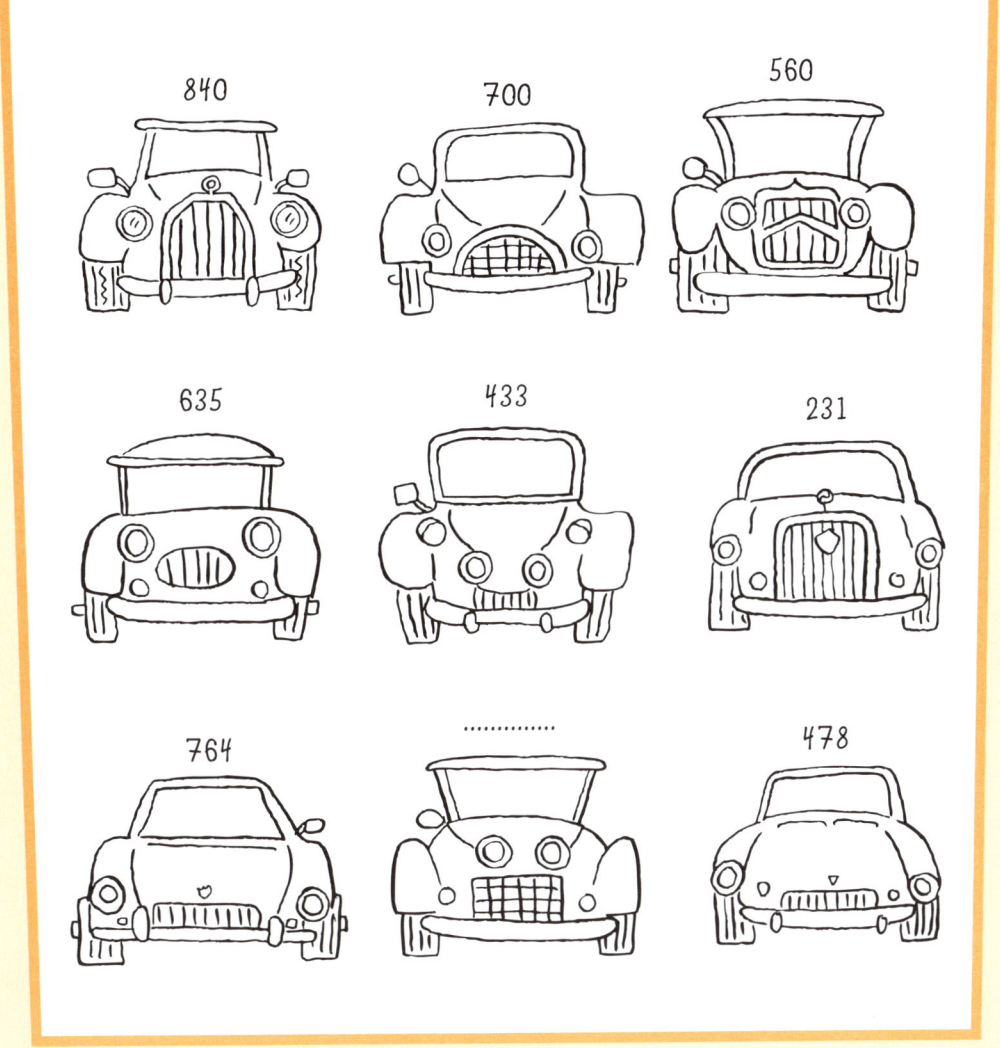

840   700   560

635   433   231

764   478

Combien de bananes faut-il placer sur la dernière balance pour que celle-ci soit en équilibre ?

Remets les pièces de ce puzzle à la bonne place afin de reconstituer la grille.

Cherche les sept différences entre les deux dessins.

Chaque corps céleste ainsi que le vaisseau spatial correspond à un chiffre précis. La somme des chiffres de chaque rangée est indiquée à droite ou en bas. A toi de remplacer chaque dessin par un chiffre !

Dans cette grille se cachent 8 monstres. À l'extérieur de la grille, 7 autres. Peux-tu intégrer ceux-ci avec les monstres qui figurent déjà dans la grille ? Mais attention : dans chaque série verticale et horizontale, tu dois placer 3 monstres différents !

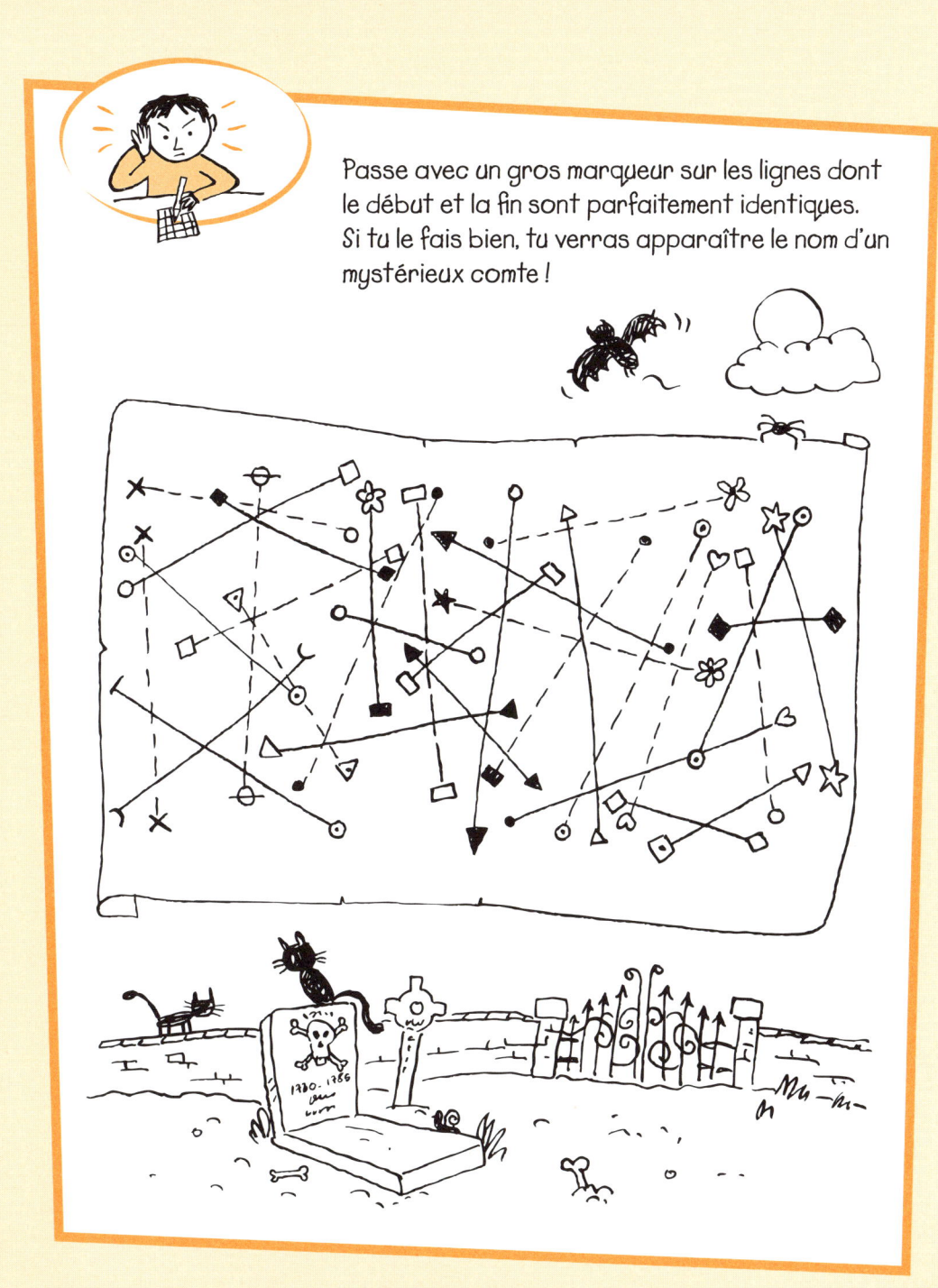

Passe avec un gros marqueur sur les lignes dont le début et la fin sont parfaitement identiques. Si tu le fais bien, tu verras apparaître le nom d'un mystérieux comte !

Il y a visiblement une erreur dans cette opération. Un moins trois n'est pas égal à deux ! Et pourtant, il suffit de déplacer un seul clou pour que l'opération soit exacte. Comment faire ?

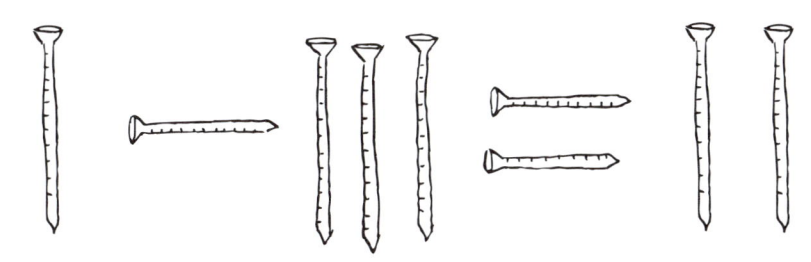

I – III = II

Il suffit de déplacer deux clous pour que cette addition soit correcte.

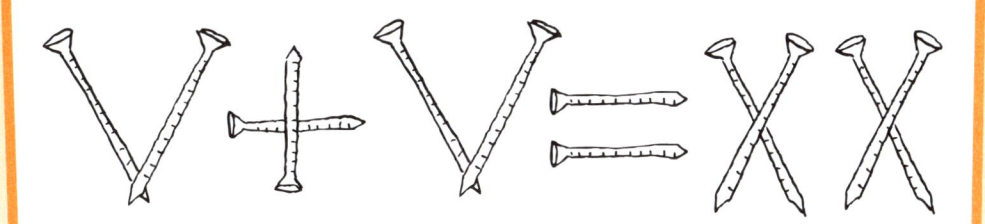

V + V = XX

Rends cette opération correcte en déplaçant deux clous.

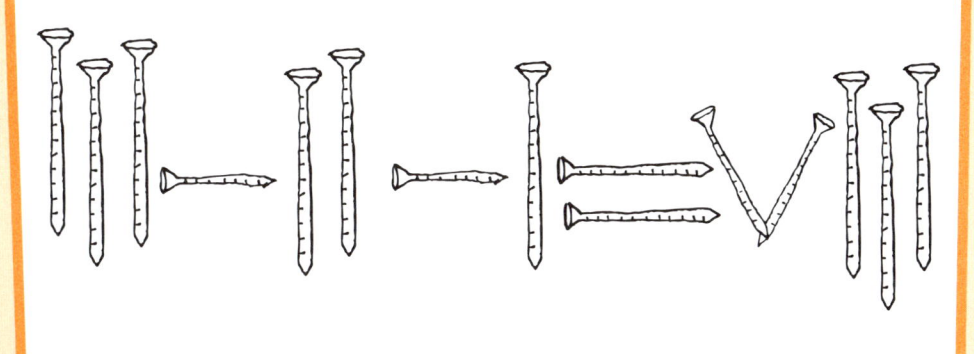

III – II – I = VII

SOLUTIONS

page 1
Bus = 1, auto = 2, vélo = 3, avion = 4, hélicoptère = 5.

page 2

page 3
Rien ne sert de courir, il faut partir à point.

page 4

page 5
Araignée = 1, scarabée = 2, mouche = 3, escargot = 4, ver = 5, papillon = 6.

page 6
GENERAL • G
E • U • ASILE
NEANT • TAS
ORGUE • • RI
UNE • RONDE
• EU • • NIER
ESSENCE • •
STERILE • L
T • SE • ESSE

page 7
Voilier B (chiffre doublé et 3 flèches différentes).

page 8

page 9
1. Isabelle, 2. Marine, 3. Guillaume, 4. Julie, 5. Thomas, 6. Marc.

page 10

309	−	79	=	230
+	■	−	■	+
150	+	20	=	170
=	■	=	■	=
459	−	59	=	400

392	:	56	=	7
+	■	×	■	+
93	−	7	=	86
=	■	=	■	=
485	−	392	=	93

page 11

page 12
THOUTMOSIS

page 13

page 14

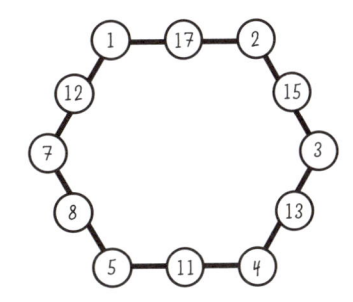

page 15
Dans l'ordre : 7-8-9-11-10-6-5-4-2-3-15-14-12-13 et 1.

page 16
5,80 mètres.
Jeu d'ordinateur.

page 17

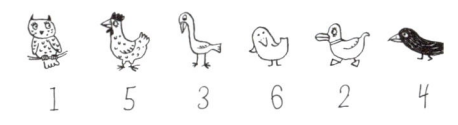

| 1 | 5 | 3 | 6 | 2 | 4 |

page 18
N° 7 : Maryse - timbres.
N° 9 : Thomas - planche à roulettes.
N° 11 : Catherine - natation.
N° 13 : Inès - danse.
N° 15 : Roger - dessin.

page 19

3	6	1	3	5	4	7	8	5
5	❄	7	❄	6	❄	3	❄	4
8	4	2	4	8	2	1	2	6
5	❄	1	❄	7	❄	4	❄	8
6	7	3	5	6	3	5	3	7
8	❄	1	❄	8	❄	1	❄	6
5	4	2	7	4	7	2	4	8
6	❄	8	❄	5	❄	1	❄	7
7	3	1	3	6	8	3	5	6

page 20
Chat = 1, hibou = 2, lapin = 3, cochon = 4, vache = 5.

page 21

page 22

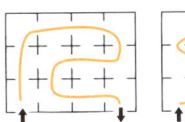

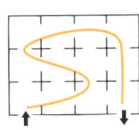

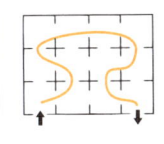

page 23

page 24
Puisque Jérôme ne ment jamais, il ne peut se trouver ni au centre ni à droite ; Jérôme se trouve donc à gauche, Denis au centre et Charles à droite.

page 25
Le cadenas 1 : 638
Le cadenas 2 : 582
Le cadenas 3 : 7824
Le cadenas 4 : 3691

page 26
Grande bouteille = 750 g,
petite bouteille = 500 g,
grande boîte = 1 kg,
petite boîte = 500 g.
La bouteille était sur la planche 3.

page 27

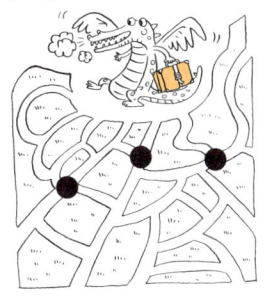

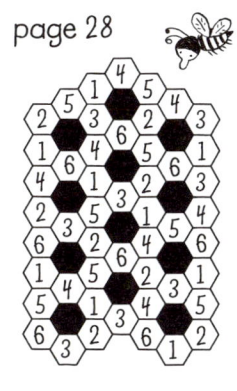

page 28

Par exemple, car il y a plusieurs solutions possibles.

page 29
Diagonales

page 30
Les lunettes, car c'est le seul mot qui ne commence pas par un B – Le numéro 4 : regarde le drapeau.

page 31
0,375 g de farine, 18 g de levure, 2,4 dl de lait, 300 g de sucre, 180 g de beurre, 3 œufs, 1,5 verre de liqueur, 60 g de sucre glace, 30 g d'amandes mondées.

page 32
assurance (AS sur ANCE), rentrer (R entre R), savante (S avant E), avenir (AV en IR).

page 33
Il manque 14 petits cubes. Il peut en contenir 64.

page 34
Trampoline.

page 35
Le monstre A (deux monstres gris sont chaque fois suivis d'un monstre blanc).

page 36
621 (le numéro au centre de chaque ligne est la moitié de la somme du 1er et du 3e numéro).

page 37
4 bananes.

page 38
```
PORTER•CE
AVION•MAT
PARI•REVE
ILES•ANE•
LE•O•NU••
L••NAGEUR
OVE•R••RI
NOM•MI•NE
•LUGE•YEN
```

page 39

page 40
Etoile = 1, comète = 2, Lune = 3, Saturne = 4, vaisseau spatial = 5.

page 41

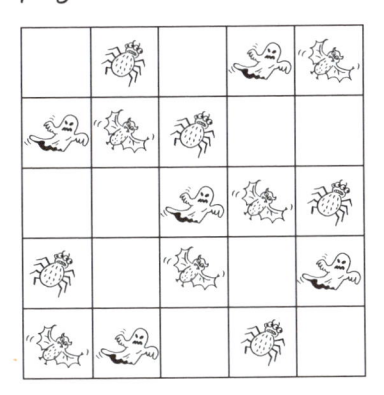

page 42
Dracula.

page 43

I = III - II

X + X = XX

III + II + I = VI